Hans Winterberg

Suite für Bläserquintett

für Flöte, Oboe, Klarinette in B,
Horn in F und Fagott

1946

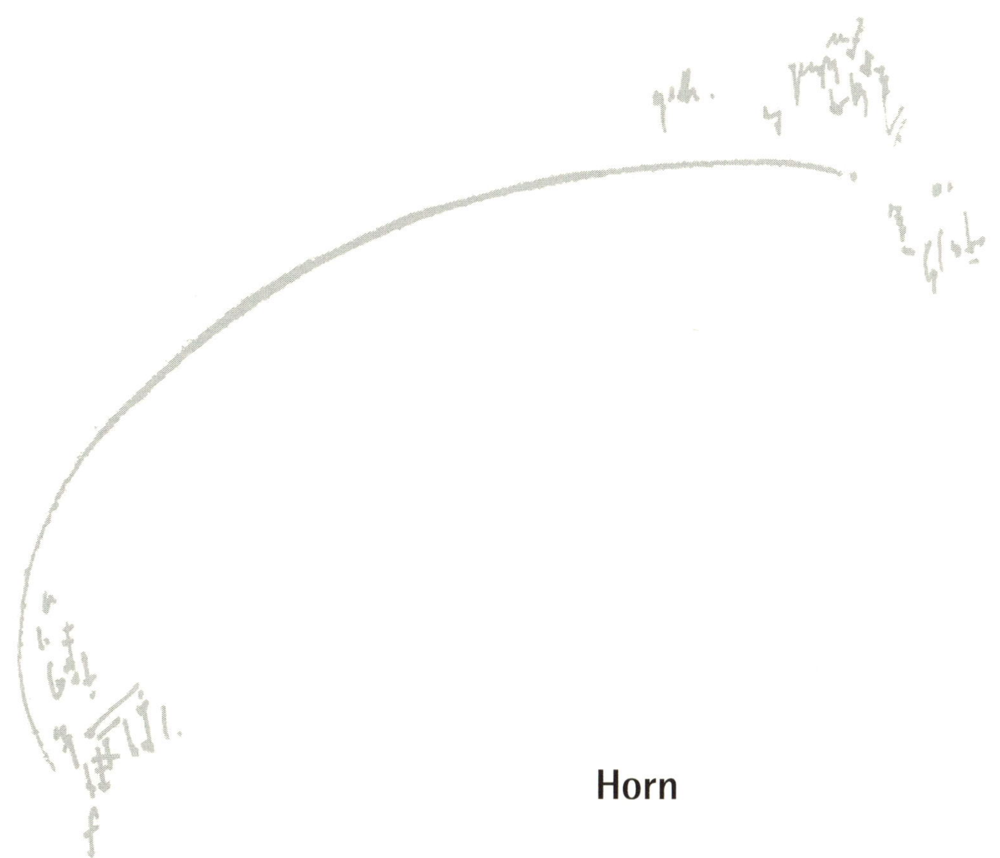

Horn

BOOSEY & HAWKES
Bote & Bock

Suite für Bläserquintett

für Flöte (auch Piccolo), Oboe, Klarinette in B (auch Bassklarinette in B),
Horn in F und Fagott
(1946)

Suita pro dechový kvintet

pro flétnu (též pikola), hoboj, klarinet B (též basový klarinet B),
lesní roh F a fagot
(1946)

I

Hans Winterberg
(1901–1991)

II

Andante tranquillo (♩ = 67)
con sord.
p
Ob. (in C)
p
17
25
34
43
Poco più animato
3
3
49
3
54
2
2

63
68
pp
72
rit.
Tempo primo
77
p
Ob. (in C)
85
p
93
101
111
più lento

4

III

Vesele [Giocoso] (♩ = 118)
[senza sord.]
mf
f
(♩ = ♩)
p
Fltz.
pp
cresc.
f
3
p
mf
f
rit.
Non troppo lento, malinconico
ff
pp

77
più animato   sempre accelerando
p
89
1   3
3/4
Tempo primo
97
1(-8)   2   3   4
2/4
cresc.
mf
103
5   6   7   8   1(-5)   2   3   4
111
5
4
crescendo poco a poco
122
1(-6)   2   3   4   5   6   1(-6)   2
f
130
3   4   5   6
f
137
ff
144

ISMN 979-0-2025-3958-3

ISBN 978-3-7931-4617-9

Hans Winterberg

Quintett

für Flöte, Oboe, Klarinette in B,
Horn in F und Fagott

1957

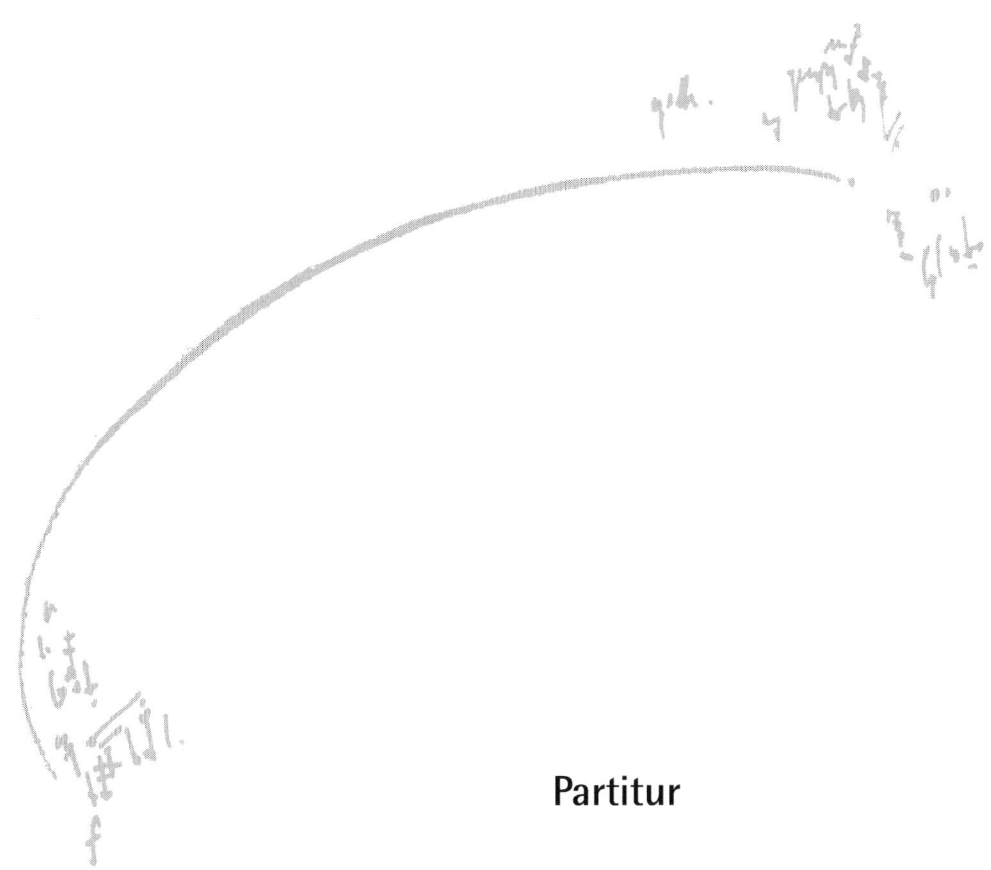

Partitur

BB 3952

BOOSEY & HAWKES
BOTE & BOCK

Das Exilarte Zentrum der mdw – Universität für Musik und darstellende Kunst Wien

Exilarte ist ein Wissenschaftszentrum der mdw – Universität für Musik und darstellende Kunst Wien, dessen Ziel es ist, Komponist:innen und Musiker:innen, die während der Zeit des Nationalsozialismus verfolgt, ins Exil gezwungen oder ermordet wurden, wieder einen Platz im kollektiven Gedächtnis zu geben. Durch das Sammeln und die wissenschaftliche Aufarbeitung von Nachlässen, die Organisation von Konzerten, Symposien, Seminaren und Ausstellungen, sowie durch die Erstellung und Herausgabe von Noteneditionen in Kooperation mit internationalen Musikverlagen soll Verstummtes wieder zum Klingen gebracht und Vergessenes sichtbar gemacht werden. Dieses verschollene Kulturerbe ist ein wichtiger Teil der Musikgeschichte des 20. Jahrhunderts, deren Wiederentdeckung, Bewahrung und Weitergabe an zukünftige Generationen das Exilarte Zentrum der mdw als seine Verpflichtung sieht.

exilarte.org

The Exilarte Center at the mdw – University of Music and Performing Arts Vienna

Exilarte is a research center at the mdw – University of Music and Performing Arts Vienna. Its objective is to restore into the collective memory composers and performers who were persecuted, forced into exile, or murdered during National Socialism. Through its acquisition and collection of estates, musicological research, the organization of concerts, symposia and seminars as well as the production of editions in cooperation with international publishers, Exilarte is returning those who were silenced to musical life. This lost cultural heritage is an important part of music history of the 20th century, which the Exilarte Center sees as its obligation to recover, preserve and pass on to future generations.

exilarte.org

Hans Winterberg (1901–1991)

Quintett
für Flöte, Oboe, Klarinette in B, Horn in F und Fagott
(1957)

BB 3952
ISMN 979-0-2025-3952-1
ISBN 978-3-7931-4614-8

Download Version:
BB 3953
ISMN 979-0-2025-3953-8

www.boosey.com

Leben und Werk

Hans bzw. Hanuš Winterberg wird am 23. März 1901 in Prag als Spross einer seit Jahrhunderten in der böhmischen Hauptstadt sesshaften jüdischen Familie geboren. Mit 10 Jahren erhält er Klavierunterricht bei der renommierten Pianistin Therese Wallerstein, mit 19 studiert er Dirigieren bei Alexander von Zemlinsky, der neben dem Neuen Deutschen Theater auch die Deutsche Akademie für Musik und darstellende Kunst leitet, sowie Komponieren bei Fidelio F. Finke. Nach Positionen als Korrepetitor und Kapellmeister in Brünn und Gablonz lässt er sich als freischaffender Komponist in Prag nieder. Ende der 1930er Jahre absolviert er ein Aufbaustudium bei Alois Hába an der Tschechischen Musikakademie in Viertel- und Sechsteltonkomposition. Dort gehört der 18 Jahre jüngere Gideon Klein zu seinen Studienfreunden. Zemlinsky übt durch seine Opern- und Konzertspielpläne größten Einfluss auf die kompositorische Entwicklung Winterbergs aus. Prägend werden anfangs Richard Wagner und Gustav Mahler, später die französischen Impressionisten und vor allem Arnold Schönberg. Die Begegnung mit dessen Musik empfindet er als eine „alles zerstörende, gespenstische Lawine", aus der er alles „herausgenommen" habe, was er für seine „persönliche Eigenart" verwenden konnte. In den 1930er Jahren bahnt sich die böhmisch-mährische Tradition ihren Weg in sein kompositorisches Denken, sowohl über die Folklore wie über die Auseinandersetzung mit Leoš Janáček, von dem er vor allem im rhythmischen Bereich starke Impulse erhält. Nach der Annexion des Sudentenlandes 1938 und der „Rest-Tschechei" 1939 durch Nazi-Deutschland ist Winterberg durch die Heirat mit der „sudetendeutschen" Pianistin und Komponistin Maria Maschat zunächst geschützt. Unter dem wachsenden Druck, der auf die nicht-jüdischen Partner in sogenannten Mischehen ausgeübt wird, erfolgt 1944 die Scheidung. Im Januar 1945 wird Winterberg schließlich ins Ghetto Theresienstadt deportiert und dort im Mai befreit. Hans Winterberg überlebt als einziger unter den herausragenden Komponisten der tschechisch-jüdischen Avantgarde seiner Generation die Shoah.

Im Zuge der Vertreibung der deutschsprachigen Bevölkerung aus der Tschechoslowakei 1946 emigrieren Maria Maschat und die gemeinsame, 1935 geborene Tochter Ruth nach Bayern. Winterberg, dessen Familie sich im Zensus von 1930 als tschechisch hatte registrieren lassen und der deshalb von den Beneš-Dekreten nicht betroffen ist, folgt ihnen erst 1947. Er arbeitet als freier Mitarbeiter beim Bayerischen Rundfunk und als Dozent am Richard-Strauss-Konservatorium. In den 1950er und 60er Jahren werden seine Kompositionen regelmäßig aufgeführt und vom Rundfunk gesendet. Eine Reihe von Freunden aus der Prager Zeit, die inzwischen auf Posten im deutschen Musikleben sind, allen voran Fritz Rieger als musikalischer Chef des Nationaltheaters Mannheim, dann der Münchner Philharmoniker, halten ihm die Treue, neue Interpreten kommen hinzu. So entsteht bis zu Winterbergs Tod 1991 ein beeindruckendes Oeuvre von an die 100 Kompositionen aller Gattungen mit Ausnahme des Musiktheaters.

Winterberg, der entscheidende Impulse durch Schönberg erhielt, folgt nicht der Doktrin der tonangebenden Avantgarde nach dem 2. Weltkrieg. Den Bruch mit der Tradition, den die Generation um Karlheinz Stockhausen und Pierre Boulez vollzieht, kann er nicht akzeptieren. Er versteht sich vielmehr als Brückenbauer zwischen ost- und westeuropäischer Musik. Seine Devise ist „Bewahren und Weiterführen", und so arbeitet er konsequent, wenn auch zunehmend isoliert, an der Entwicklung seines Personalstils, der sich vor allem durch Experimente mit Polyrhythmik und sich überlagernden Tempi auszeichnet. Sein Hauptwerk der späten Schaffensphase, die *Rhythmophonie* von 1966/67, wird erst über ein halbes Jahrhundert nach ihrer Entstehung anlässlich der ersten CD-Produktion mit symphonischen Werken des Komponisten mit dem Rundfunk-Sinfonieorchester Berlin unter Johannes Kalitzke uraufgeführt.

Winterbergs kompositorischer Nachlass wurde nach dessen Tod von seinem Adoptivsohn dem Sudetendeutschen Musikinstitut verkauft und mit einer Klausel versehen, derzufolge der Zugang zum Nachlass bis 2030 gesperrt und die jüdische Abstammung des Komponisten geheim gehalten werden müsse. Erst nach Intervention von Winterbergs Enkel Peter Kreitmeir, dem Sohn von Winterbergs leiblicher Tochter Ruth, und dem Senior Researcher des Exilarte Zentrum, Michael Haas, wurde das Embargo 2015 aufgehoben. Die Edition der Werke Winterbergs erfolgt seit 2021 als Kooperation zwischen dem Exilarte Zentrum der mdw – Universität für Musik und darstellende Kunst Wien und dem Verlag Boosey & Hawkes. Weitere Informationen zu Leben und Werk Winterbergs finden sich unter www.Boosey.com/Winterberg und www.exilarte.org

Frank Harders-Wuthenow, Boosey & Hawkes

Das Bläserquintett (1957) von Hans Winterberg ist eine faszinierende Studie über das Spiel mit Kontrasten. Es ist gespickt mit Anspielungen auf Strawinsky, gleichzeitig spukt ein seltsamer „Eindringling" darin herum: die Melodie des deutschen Kinderlieds *Es klappert die Mühle am rauschenden Bach*. Was das Werk so bemerkenswert macht, ist das Aufeinanderprallen musikalischer Welten: die für Winterberg so typischen, post-Janáčekschen Überlagerungen rhythmischer Schichten und ostinaten Patterns reiben sich provokant an der Einfachheit einer Melodie, die man als Inbegriff schlechthin des deutschen Volkslieds bezeichnen könnte.

Im Ganzen gesehen wirkt das Stück dadurch wie eine musikalische Antwort – möglicherweise mit provokativer Absicht – auf die kulturelle Abschottung der nach dem 2. Weltkrieg in Bayern lebenden deutsch-tschechischen Exilgemeinschaft. Winterberg belässt es nicht bei einem bloßen Zitat des Liedes, er bemächtigt sich seiner, stellt es aus in einem Karneval typisch tschechischer musikalischer Topoi und schafft damit ein Werk, das ebenso satirische Kritik ist wie Feier hybrider Identität. Es ist zugleich subversiv und heiter, eine kunstvolle, pointierte Antwort auf den Tribalismus seiner Zeit, gewürzt mit scharfem Witz und von evidentem kompositorischem Können.

Der erste Satz mit der Bezeichnung *Leicht fließend, nicht zu schnell* eröffnet „dadaistisch": folkloristische Bordun-Quinten werden gefolgt von scharfen, jambischen Akzenten – typisch tschechisch; Schon in der Wiederholung wird das insistierende Kopfmotiv durch Synkopen ins Wanken gebracht. *Peu à peu* kündigt sich die „klappernde Mühle" an mit staccato gespielten Tonrepetitionen im 6/8-Takt, bis sie schließlich in Horn und Fagott konkret in Erscheinung tritt. Witzig, wie Winterberg das „klipp klapp" buchstäblich nachklappern lässt (T. 62-66). Im zweiten Satz, von Winterberg mit einer gewissen Ironie als *Pastorale* bezeichnet, denn die rhythmischen Ostinati und fragmentierten Motivschnipsel untergraben jeden Eindruck von bukolischer Ruhe, kehrt sie als Zitat in der Oboe wieder. Die melodischen Linien werden von einem unaufhörlichen Sechzehntel-Strom vorangetrieben, ein Effekt, der an Janáčeks humoristischen Parlando-Stil erinnert. Der Satz ist voller Vitalität und Ironie. Der dritte, *Allegro non troppo*, ein Rondo (A-B-A-C-B-C) tendiert wieder zur Groteske. Er beginnt mit einem kunstvollen Fugato, in dem die Idee der chromatischen Rückung, die alle Sätze des Quintetts leitmotivisch durchzieht, thematisch gefasst wird. Auf diese neo-barocke Introduktion folgt ein Abschnitt, in dem sich die Instrumente volksmusikantische Floskeln wie Bälle gegenseitig zuwerfen. Die „klappernde Mühle" bestimmt dann nach Wiederkehr des Fugatos den dritten Teil.

Die Entstehungsgeschichte des Werkes ist unklar. Es gibt zwei Fassungen der Partitur, eine erste, mit Bleistift geschriebene, und eine wesentlich detailliertere mit einem dazugehörigen Stimmensatz, der den Bibliotheksstempel des Notenarchivs des Bayerischen Rundfunks trägt, was darauf hindeutet, dass das Werk – wie eine Reihe weiterer Kompositionen Winterbergs der 1950er bis 1970er Jahre – im Auftrag des BR entstand. Konkrete Hinweise auf eine Aufführung konnten jedoch bisher nicht gefunden werden.

Als die Nachricht verbreitet wurde, dass Winterbergs Musik wieder zugänglich gemacht worden war, programmierte der Komponist Daniel Asia 2016 kurzentschlossen Werke von Winterberg beim jährlich stattfindenden Komponistenfestival der Universität von Arizona. In diesen ersten Monaten nach Öffnung des Nachlasses hatte eine umfassende Sichtung des Materials noch nicht stattgefunden. Lediglich das Bleistiftmanuskript konnte dem Arizona Wind Quintet für die Aufführung zur Verfügung gestellt werden. Die Oboistin des Ensembles, Sara Fraker, erstellte daraus eine erste Ausgabe, wobei sie viele Unstimmigkeiten und Unachtsamkeiten korrigierte und fehlende Angaben zum Ausdruck, zur Artikulation und Phrasierung ergänzte. Durch ihre profunde Kenntnis als Wissenschaftlerin wie als Musikerin ermöglichte sie die Aufführung des Werkes, die als Uraufführung angesehen werden muss, und der die Erstaufnahme beim Label Toccata Classics folgte. Erst nach deren Veröffentlichung tauchte die zweite Quelle, das Material des Bayerischen Rundfunks, wieder auf. In der Zwischenzeit ist das Verständnis für Winterbergs Musik und für den Umgang mit den Quellen gereift (siehe folgenden Editionsbericht), so dass vorliegende Ausgabe dieses bedeutenden Bläserquintetts als – im Rahmen des Möglichen – endgültig angesehen kann.

Dr. Michael Haas, April 2025
Übersetzung: Frank Harders-Wuthenow

Editorische Anmerkungen

Die vorliegende Erstausgabe des *Quintetts für Flöte, Oboe, Klarinette in B, Horn in F und Fagott* von Hans Winterberg basiert auf den Manuskripten des Komponisten. Die Partitur existiert in zwei Varianten: eine erste Bleistift-Niederschrift (Quelle **A**) und eine Abschrift, die eine Inventarnummer des Notenarchivs vom Bayerischen Rundfunk zeigt (Quelle **B**). Darüber hinaus liegen die fünf Einzelstimmen handschriftlich vor (Quelle **St**). Quelle **B** ist gegenüber **A** deutlich umfangreicher bezeichnet (besonders in Bezug auf die Artikulation); weist aber auch viele Abweichungen auf, die als Abschreibfehler betrachtet werden müssen. Sie ist überdies sehr inkonsequent besonders in der Anbringung von Legatobögen. Diese Fehler finden sich dann in **St** wieder, neben vielen weiteren Irrtümern und Auslassungen. Ein sorgfältiger Vergleich aller Quellen war deshalb unerlässlich. Zahlreiche minimale Korrekturen und kleinere Angleichungen von Diskrepanzen bedürfen keiner Erläuterung; einige Punkte sollen aber erwähnt werden (da **St** fast immer **B** folgt und darüber hinaus kaum Erkenntnisse bietet, beziehen wir uns in der Liste nur auf **A** und **B**):

B gibt als Aufführungsdauer *etwa 15 Minuten* an; eine adäquate Interpretation könnte aber auch zwischen 13 und 14 Minuten liegen.

I. Satz

Takt 1		**A** hat als Tempobezeichnung *Allegro leggiero, ma non troppo*, **B** hat *Leicht fließend, nicht zu schnell*
10	Ob.	die erste Vorschlagsnote ist in **B** heses'; wir übernehmen das b' aus **A**, das der musikalischen Logik entspricht (vgl. z. B. Klarinette T. 15)
14	Klar.	Vorschlagsnote ist in **B** dis", wir übernehmen das d" aus **A**
18	Klar.	in der zweite Takthälfte hat **B** Achtel- und Viertelnote; wir folgen **A** (punktierte Viertelnote mit Vorschlag)
26	Hr.	*pp* ergänzt (analog zum Fagott)
31	Fl.	*mp* ergänzt
40	Ob.	*mp* ergänzt
60	Fl.	Gabel nur in **A**
64	Fl.	*f* ergänzt
64–66	Fl., Klar.	in **A** Zweier- statt Viererbindungen
75	Fl.	in **A** ist die zweite Hauptnote es", in **B** hingegen d"; wir folgen **A**
75	Ob., Klar.	in allen Quellen keine Vorschlagsnoten in der zweiten Takthälfte
85	Fl.	in **B** steht *mp*, vermutlich nur ein Lesefehler (das *mf* in **A** ist undeutlich)
89, 90	Fg.	jeweils zweiter Akzent nur in **A**, könnte aber absichtlich eliminiert worden sein
102	Fg.	letzte Note in **B** punktiert, in **A** aber Viertel mit Pause wie Klarinette und Horn
134	Ob.	in **B** keine Überbindung in den Folgetakt
149	Fl.	2. Note ohne Vorzeichen in **A** und **B**, im Kontext ist aber es" wahrscheinlicher als e"
156	Klar., Fg.	in **A** nur punktierte Viertelnote

II. Satz

6	Fl.	dritter Ton heses" in **A**, b" in **B**, wir folgen **A** (vgl. Klar. in T. 4 und 11 und Ob. T. 15)
18	Fl.	in **B** keine Vorzeichen vor den beiden Sechzehnteln a"; in **A** aber eindeutig as"
29	Hr.	*offen* ergänzt
30	Ob.	*espress.* nur in **A**
32	Fl.	die Bindung an den Folgetakt nur in **A**; **B** hat Staccatopunkt auf der 1. Note in T. 33
40	Klar.	die Bindung steht in keiner Quelle; aber in der gesamten Passage sind die Artikulationen in Flöte, Klarinette, Horn und Fagott sonst stets synchron
43	Fl.	in **A** sind die beiden Hilfslinien der ersten Note sehr eng geschrieben, daher h" in **B**, vermutlich nur Abschreibefehler
52	Hr.	in **A** steht hier *gedämpft*, die Geltungsdauer ist unklar (vielleicht nur bis T. 56?)
72	Fl.	in **B** ist die erste Note dis"; in **A** steht zwar kein Auflöser vor dieser Note, aber das Kreuz explizit erst vor der zweiten; wir entscheiden uns für d"
74	Ob.	in **A** abweichende Formulierung der Fußnote: „*Wenn Englisch Horn vorhanden, soll es diese Stelle übernehmen.*"; zwingend nötig ist das nicht, da der tiefste Ton h auch auf der Oboe spielbar ist, zudem ist für den Instrumentenwechsel kaum ausreichend Zeit
103	Fg.	*p* ergänzt

| 109 | Klar. | *p* ergänzt |

III. Satz

1		in **A** ist dieser Satz mit *Fugetta* [sic!] überschrieben, später wieder ausgestrichen
3, 4	Ob.	Crecendo-Gabel ergänzt analog zu Parallelstellen
16	alle	Akzent auf dem vierten Achtel nur in **A**, in **B** sind dafür die Crescendogabeln bis in den Folgetakt verlängert
23	Ob.	zweiter Akzent nur in **A**
25, 26	Fl., Ob.	alle Gabeln nur in **A**
26	Fg.	Akzent analog zur Klarinette ergänzt
28	Fl., Ob.	Akzente nur in **A**
68	Hr.	Akzente in **A**, *marcato*-Zeichen in **B**
71	Hr.	in **A** ist die Viertelnote auf zwei ein d″, in **B** ein fis″; wir folgen **A** (vgl. T. 120)
73	Fg.	**A** hat bereits hier ein *p*; erneut in T. 75 (dort analog zu den anderen Instrumenten)
88	Fl.	in **B** ist der dritte Ton eine Viertelnote, in **A** eine Achtel
90	Klar.	dritter Ton in allen Quellen Viertelnote; wir ändern in Achtel (vgl. Takte 85, 88, 92)
109	Fl.	zweiter Ton in **B** des″, in **A** es″
124	Fg.	zweiter Ton in **B** ebenfalls A (sogar mit wiederholtem Auflöser); wir übernehmen das As wie in **A** (dem Kontext entsprechend)
169, 172	Fl., Ob.	jeweils erster Akzent nur in **A**, in **B** so erst in T. 175
184	Ob.	hier und in T. 188 (Flöte) verwendet Winterberg das aus der Schönberg-Schule bekannte Zeichen **H** für Hauptstimme, verzichtet aber auf eine Angabe der Geltungsdauer (vermutlich nur vier Takte)
203	Klar., Hr.	*mf* ergänzt
210	Fg.	der letzte Ton ist in den Quellen nur eine Viertelnote mit Achtelpause; wie bei ähnlichen Stellen will Winterberg vielleicht Gelegenheit zum Atmen vor dem nächsten Einsatz schaffen; da aber ohnehin eine Luftpause für alle Instrumente geschrieben ist, sollte das Fagott den Ton wie das Horn aushalten (falls die Verkürzung des Tons aber wegen der Staccato-Noten in den drei hohen Bläsern beabsichtigt sein sollte, so müsste auch im Horn der Ton kürzer sein)
215	Ob.	*mf* ergänzt
220		dieser Takt steht nur in **A**; vermutlich wurde er beim Abschreiben komplett übersehen; er ist aber im Kontext sinnvoll (vgl. T. 214 und 226)
241	Hr.	zweiter Ton ist in **B** d′; wahrscheinlich ist aber c′ wie in den Folgetakten (korrekt in **A**)
307	Hr., Fg.	auf dem Schlusston kein Akzent oder *sfz*, im Gegensatz zu Flöte, Oboe und Klarinette

Holger Groschopp, April 2025

Life and Works

Hans or Hanuš Winterberg was born on 23 March 1901 in Prague as the scion of a Jewish family resident for centuries in the Bohemian capital. From the age of ten, he received piano lessons from the renowned pianist Therese Wallerstein. At the age of nineteen, he studied conducting with Alexander von Zemlinsky, director of the New German Theater as well as the German Academy of Music and Performing Arts, and composition with Fidelio F. Finke. After positions as répétiteur in Brno and Gablonz, he settled in Prague as a freelance composer. At the end of the 1930s, he completed graduate studies in quarter- and sixth-tone composition with Alois Hába at the Czech Academy of Music. One of his friends there was the eighteen-year-younger Gideon Klein. With his opera and concert programs, Zemlinsky exerted the greatest influence on Winterberg's compositional development. Influential at the beginning were Richard Wagner and Gustav Mahler, later the French impressionists and above all Arnold Schoenberg. He perceived the encounter with Schoenberg's music as an "all-destructive, ghostly avalanche" from which he "extracted" everything he could use for his "idiosyncrasy." In the 1930s, the Bohemian-Moravian tradition found its way into his compositional thinking, both via folkmusic and through his preoccupation with Leoš Janáček, from whom he received strong impulses above all in the area of rhythm. After the annexation by Nazi Germany of the Sudetenland in 1938 and "rump Czechoslovakia" in 1939, Winterberg was at first protected through his marriage to the 'Sudeten German' pianist and composer Maria Maschat. Under the growing pressure exerted on non-Jewish partners in so-called mixed marriages, the couple divorced in 1944. In January 1945, Winterberg was finally deported to the Theresienstadt ghetto, where he was liberated in May of the same year. Hans Winterberg was the only one among the outstanding composers of the Czech-Jewish avant-garde of his generation to survive the Shoah.

In the course of the expulsion of the German-speaking population from Czechoslovakia in 1946, Maria Maschat and the couple's daughter Ruth, who was born in 1935, emigrated to Bavaria. Winterberg, whose family had registered themselves as Czechs in the census of 1930, and who was therefore not affected by the Beneš decrees, followed them in 1947. He worked as a freelance employee for Bavarian Radio and as a teacher at the Richard Strauss Conservatory. In the 1950s and 60s, his compositions were regularly performed and broadcast on the radio. A series of friends from the time in Prague, who meanwhile had positions in German musical life, first and foremost Fritz Rieger as music director of the Mannheim National Theater, then of the Munich Philharmonic, remained loyal to him, with new interpreters accruing over time. Thus, by the time of Winterberg's death in 1991, an impressive *oeuvre* of nearly 100 compositions in all genres, except musical theater, had come into being.

After the Second World War, Winterberg, who received decisive impulses from Schoenberg, did not conform to the trends of the predominant avant-garde. He could not accept the break with tradition propagated by the generation of Karlheinz Stockhausen and Pierre Boulez. He understood himself rather as a bridge builder between Eastern and Western European music. His motto was "preserve and carry forward," and so he worked consistently, albeit increasingly isolated, on the development of his personal style, which was distinguished above all by experiments with polyrhythm and overlapping tempos. His main work of the late creative period, the *Rhythmophonie* from 1966/67, was first premiered a half a century after its composition on the occasion of the first CD production of the composer's symphonic works with the Rundfunk-Sinfonieorchester Berlin under the direction of Johannes Kalitzke.

After his death, Winterberg's compositional legacy was sold by his adopted son to the Sudeten-German Music Institute, with a clause stipulating that access to the estate be blocked until 2030, and that the composer's Jewish ancestry be kept secret. Only after the intervention of Winterberg's grandson, Peter Kreitmeir, the son of Winterberg's daughter Ruth, and the senior researcher of the Exilarte Center, Michael Haas, were the restrictions rescinded in 2015. The edition of Winterberg's works has been in progress since 2021 as a cooperation between the Exilarte Center of the University of Music and Performing Arts Vienna and the publishing house Boosey & Hawkes. Further information about Winterberg's life and works can be found at www.Boosey.com/Winterberg and www.exilarte.org

Frank Harders-Wuthenow, Boosey & Hawkes
Translation: Howard Weiner

The Wind Quintet (1957) by Hans Winterberg is a fascinating study in contrasts, laced with conspicuous nods to Stravinsky and centred on a curious intrusion: the unmistakable strain of the German children's song *Es klappert die Mühle* ("The Millwheel is Rattling"). What makes the work so striking is its collision of musical worlds – Winterberg's post-Janáček rhythmic layering and ostinato-driven textures clash provocatively with the simplicity and rigidity of a folk tune that could not feel more traditionally German.

Taken as a whole, the Wind Quintet seems to function as a musical riposte—perhaps even a provocation—directed at the prevailing mood of cultural insularity among the expatriated German-Czech community in post-World War 2 Bavaria. Winterberg does not just quote a German folksong, he abducts it, parades it through a carnival of Czech musical gestures, and emerges with a piece that is as much a satirical critique as it is a celebration of hybridity. It is both subversive and joyful: a deft, knowing response to the tribalism of his time, delivered with sharp wit and unmistakable musical craft.

The first movement, marked *Leicht fließend, nicht zu schnell* (*flowing gently, not too fast*) opens in a Dadaesque spirit: folkloristic drone-fifths are followed by crisp iambic accents—a thoroughly Czech idiom. Already in the reprise, the insistent opening motif is thrown off balance by syncopations. Gradually, the "rattling mill" begins to announce itself through staccato note repetitions in 6/8 time, until it materialises clearly in horn and bassoon. Winterberg's literal rendering of the "klipp klapp" motif (bars 62–66) is especially witty. In the second movement—ironically titled *Pastorale*—the quotation from the folk song returns in the oboe. Yet here too, any bucolic calm is undermined by rhythmic ostinati and fragmented motivic shards. The melodic lines are driven forward by a relentless stream of semiquavers, evoking the humorous *parlando* style of Janáček. The movement is rich in vitality and irony. The third movement, *Allegro non troppo*, is structured as a rondo (A–B–A–C–B–C) and once again flirts with the grotesque. It begins with a skilfully wrought fugato, in which the idea of chromatic shift—an idea that runs as a leitmotif through the entire work—is developed thematically. This neo-Baroque introduction gives way to a passage in which the instruments toss rustic clichés between them like juggling balls. After the fugato returns, the "rattling mill" asserts itself once more to shape the final section.

The genesis of the work is unclear and there are two copies of the score, one a pencil draft and a considerably more detailed copy along with parts marked with Bavarian Radio Music Library index numbers. This suggests the piece—like several other Winterberg compositions from the 1950s to 1970s—was composed on commission for Bavarian Radio. However, no evidence of a performance has yet come to light.

When the news of Winterberg's music being made available circulated, composer Daniel Asia decided to include pieces by him in the University of Arizona's annual Composer Festival in 2016. In these very early months after access to the estate had been obtained, it was still unclear what material was available. The original pencilled manuscript was made available to the Arizona Wind Quintet and their oboist Sara Fraker, instantly set herself the task of creating a performance edition, correcting many irregularities and editorial slips as well as adding missing expressive markings, articulation and phrases. Her single-minded scholarship and practical musicianship allowed what must be considered the first performance of the Quintet to take place followed by the work's first recording, released on Toccata Classics. Only after these earliest recovery events took place did the second source—the Bavarian Radio material—resurface. In the interim, understanding of Winterberg's compositional language and editorial needs has deepened (see accompanying editorial remarks), such that the present edition of this important wind quintet can now, within reasonable limits, be considered definitive.

Dr. Michael Haas, April 2025

Editorial remarks

The present first edition of the *Quintet for Flute, Oboe, Clarinet in B-flat, Horn in F, and Bassoon* by Hans Winterberg is based on the composer's manuscript. The score exists in two variants. a first version in pencil (source **A**) and a manuscript copy that displays an inventory number of the music archive of the Bavarian Radio (source **B**). In addition, there are five individual manuscript parts (source **P**). In comparison to source **A**, source **B** is clearly more extensively marked (particularly with regard to articulation), but also displays many divergences, which have to be considered copying errors. Moreover, it is very inconsistent especially in the placement of legato slurs. These mistakes are found again in **P**, alongside many further errors and omissions. A meticulous comparison of all the sources was therefore necessary. Numerous minimal corrections and small adjustments of discrepancies do not require explanation; however, several points should be mentioned (since **P** almost always follows **B** and moreover hardly offers any insights, we only refer to **A** and **B** in the list):

B specifies a performance time of *about 15 minutes*; an adequate interpretation could however also have a duration of between 13 and 14 minutes.

Movement I

m. 1		**A** has the tempo indication *Allegro leggiero, ma non troppo*, **B** has *Leicht fließend, nicht zu schnell*
10	ob	the first grace note in **B** is b-double flat'; we adopt the b-flat' from **A**, which corresponds to the musical logic (compare, for example, clarinet m. 15)
14	clar	the grace note is d-sharp″ in **B**, we adopt the d″ from **A**
18	clar	in second half of the measure, **B** has an eighth and a quarter note; we follow **A** (dotted quarter note with appoggiatura)
26	hn	*pp* added (analogous to the bassoon)
31	fl	*mp* added
40	ob	*mp* added
60	fl	hairpin only in **A**
64	fl	*f* added
64–66	fl, clar	in **A** two-note slurs instead of four-note slurs
75	fl	in **A** the second main note is e-flat″, in **B**, on the other hand, d″; we follow **A**
75	ob, clar	no grace notes in all sources in the second half of the measure
85	fl	**B** has *mp*, presumably only a reading error (the *mf* in **A** is indistinct)
89, 90	bn	the second accent in each case only in **A**, however could have been intentionally deleted
102	bn	last note in **B** dotted, in **A**, however, quarter note with rest as in clarinet and horn
134	ob	in **B** no tie to the following measure
149	fl	second note lacks accidental in **A** and **B**, however e-flat″ is more probable than e″ in the context
156	clar, bn	in **A** only dotted quarter note

Movement II

6	fl	third note b double flat″ in **A**, b-flat″ in **B**, we follow **A** (compare clar in mm. 4 and 11 and ob in m. 15)
18	fl	in **B** no accidental before the two sixteenth-note a″; in **A** however clearly a-flat″
29	hn	*offen* added
30	ob	*espress.* only in **A**
32	fl	the tie to the following measure only in **A**; **B** has a staccato dot on the first note in m. 33
40	clar	the tie is not found in any source; but in the whole passage the articulations in the flute, clarinet, horn, and bassoon are otherwise always synchronous
43	fl	in **A** the two ledger lines of the first note are written very close together, therefore the b″ in **B** is presumably only a copying error
52	hn	**A** indicates *gedämpft* here, the duration is uncertain (perhaps only to m. 56?)
72	fl	in **B** the first note is d-sharp″; in **A** there is indeed no natural sign before this note, but the sharp is explicitly only before the second note; we decided on d″
74	ob	in **A** divergent formulation of the footnote: *"Wenn Englisch Horn vorhanden, soll es diese Stelle übernehmen"* (*If English horn is available, it should take over this passage*); this is not absolutely necessary since the lowest note b is playable also on the oboe, moreover, there is hardly enough time for a change of instrument

| 103 | bn | *p* added |
| 109 | clar | *p* added |

Movement III

1		in **A** this movement is titled *Fugetta* [sic!], which was later crossed out
3, 4	ob	crescendo hairpin added analogous to parallel passages
16	all	accent on the fourth eighth note only in **A**, in **B**, the crescendo hairpins extend to the following bar
23	ob	second accent only in **A**
25, 26	fl, ob	all hairpins only in **A**
26	bn	accent added analogous to clarinet
28	fl, ob	accents only in **A**
68	hn	accents in **A**, *marcato* marks in **B**
71	hn	in **A** the quarter note on 2 is d″, in **B** f-sharp″; we follow **A** (compare m. 120)
73	bn	**A** already has *p* here; reiterated in m. 75 (there analogous to the other instruments)
88	fl	in **B** the third note is a quarter note, in **A** an eighth note
90	clar	third note in all sources quarter note; we have changed to an eighth note (compare mm. 85, 88, 92)
109	fl	second note in **B** d-flat″, in **A** e-flat″
124	bn	second note in **B** likewise A (even with repeated natural sign); we adopted the A-flat as in **A** (corresponding to the context)
169, 172	fl, ob	first accent each time only in **A**, in **B** thus only in m. 175
184	ob	here and in m. 188 (flute) Winterberg used the **H** for *Hauptstimme* (main voice) known from the Schoenberg school, but dispensed with an indication of the period of validity (presumably only four measures)
203	clar, hn	*mf* added
210	bn	in the sources, the last note is merely a quarter note with an eighth-note rest; as in similar passages, Winterberg possibly wanted to create an opportunity to take a breath before the next entry; but since in any case a breathing pause is written here for all the instruments, the bassoon should sustain the note like the horn (however, in the event that the shortening of the note may have been intended due to the staccato notes in the three high woodwind instruments, then the note in the horn must also be shorter)
215	ob	*mf* added
220		this measure is only found in **A**; it was presumably completely overlooked while transcribing the parts; but it makes sense in the context (compare mm. 214 and 226)
241	hn	second note in **B** is d′; but it should probably be c′ as in the following measures (correct in **A**)
307	hn, bn	no accent or *sfz* on the final note, in contrast to the flute, oboe, and clarinet

Holger Groschopp, April 2025
Translation: Howard Weiner

Quintett

für Flöte, Oboe, Klarinette in B, Horn in F und Fagott
(1957)

I

Hans Winterberg
(1901–1991)

19
p
p
p
p
mp
mp
pp

25
mp
p
p
p
pp
p

32
espress.
mp
pp
mp
pp

61
mf
mf
mf
mf
mf
f
f
f
p
p
p
p

68
p
p
p
p

75
mp
p
mp
pp
13

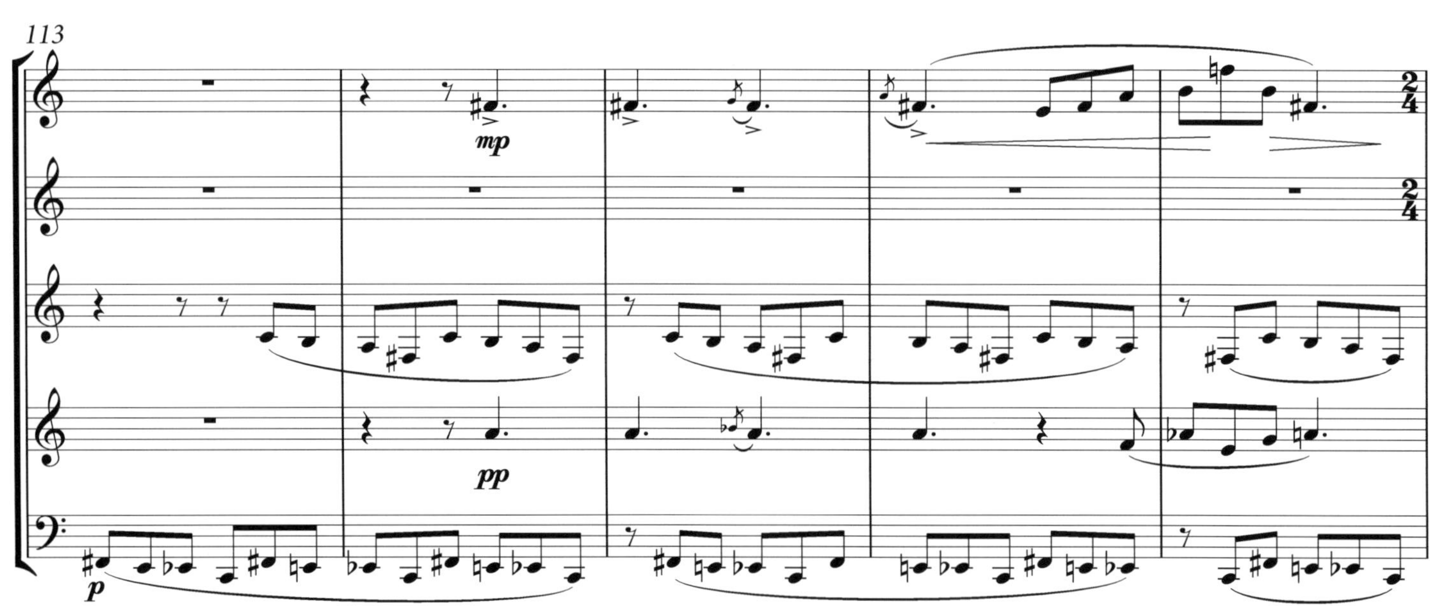

136
f
f
f
f
f
3
dimin.
dimin.
dimin.
dimin.
dimin.
142
etwas langsamer
6
8
6
8
p
p
p
p
148
p
p
p
p
p

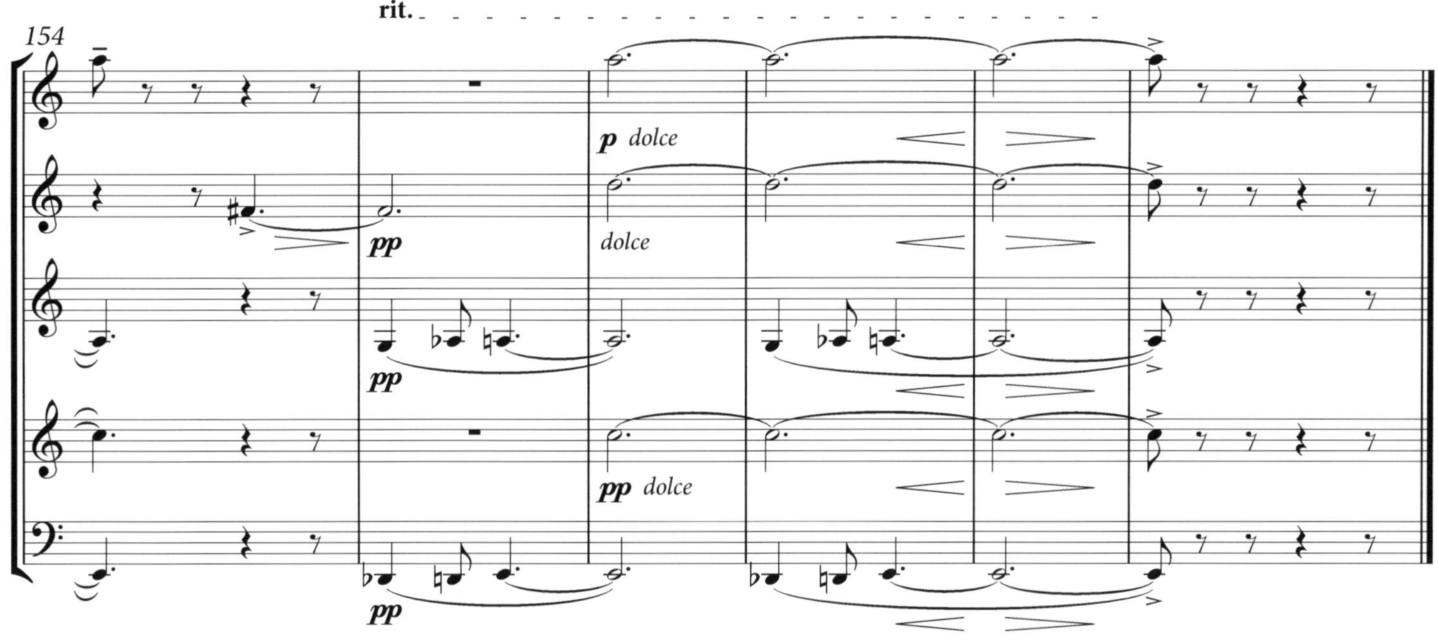

II
Pastorale

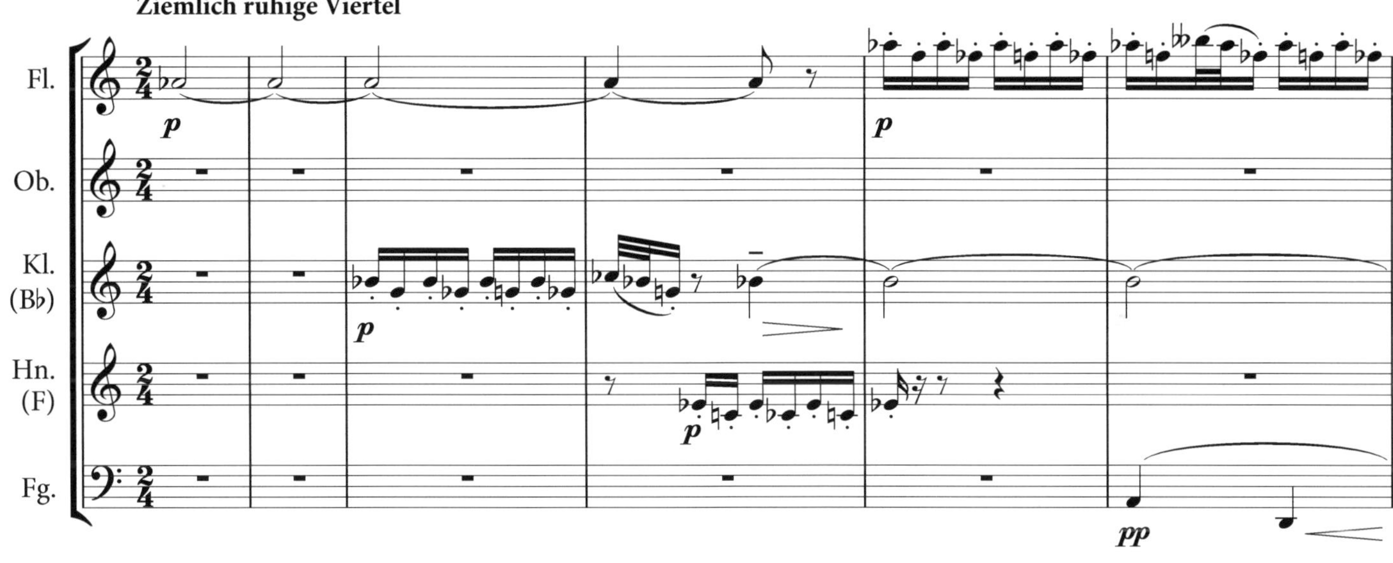

13
19
25
gedämpft
sfz
p
sfz
p
offen
p
p

30
3
espress.
3
3
3
3
3

36
3
3
3
3

42
3
3
3
p
p
p

48
nicht eilen!
54
62

*) Wenn Englischhorn vorhanden, kann es die Takte 74–77 spielen [H. W.].
siehe Editorische Anmerkungen / *see Editorial remarks*

nicht eilen!
91
poco espress.
poco espress.
3 3 3 3
p

99
6 6
p
6

106
6
p
p
p
p

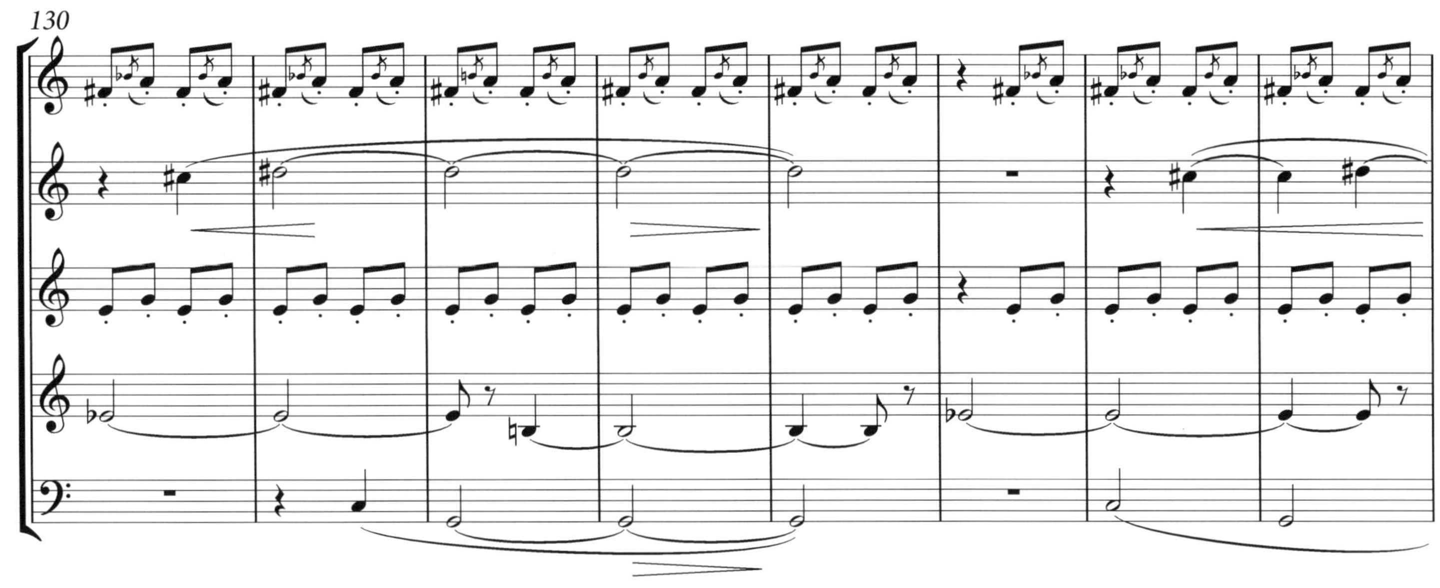

138
etwas zurückhaltend
rit.

III

Allegro non troppo
Fl.
Ob.
Kl. (B♭)
Hn. (F)
Fg.

9

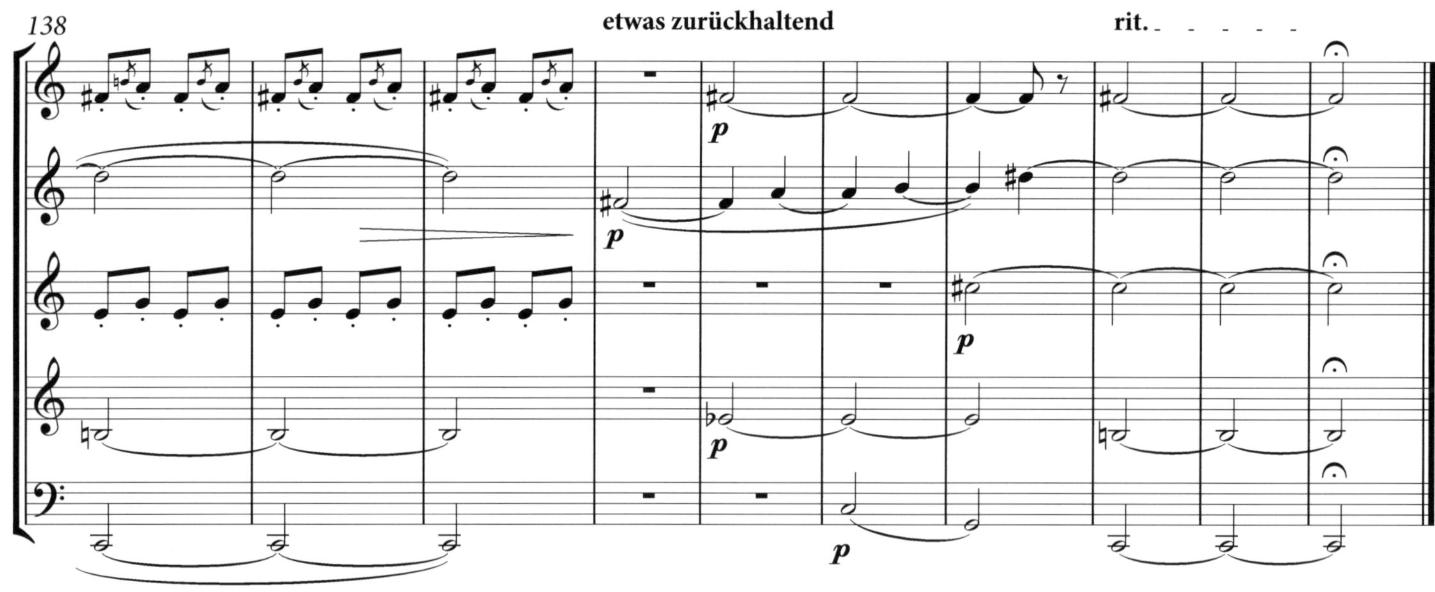

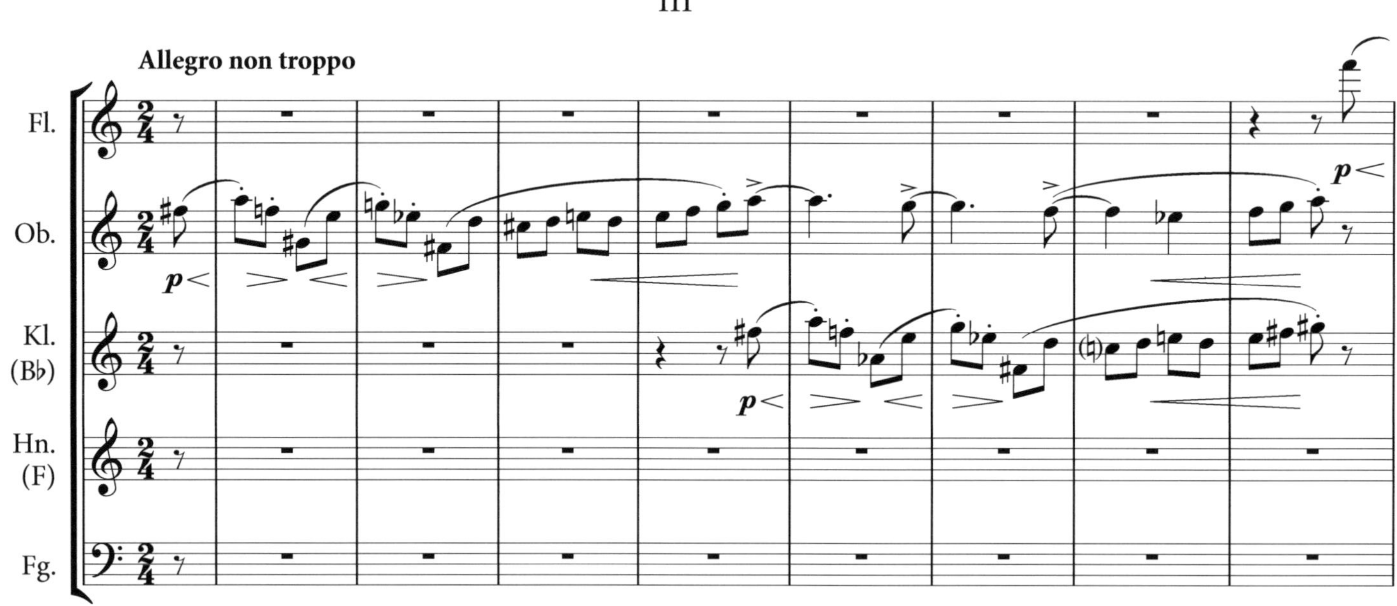

18
mf
mf
mf
mf
mf
25
cresc.
cresc.
cresc.
cresc.
cresc.
f
f
f
f
f
33
dimin.
dimin.
dimin.
dimin.
dimin.
p
p
p
p
p non legato

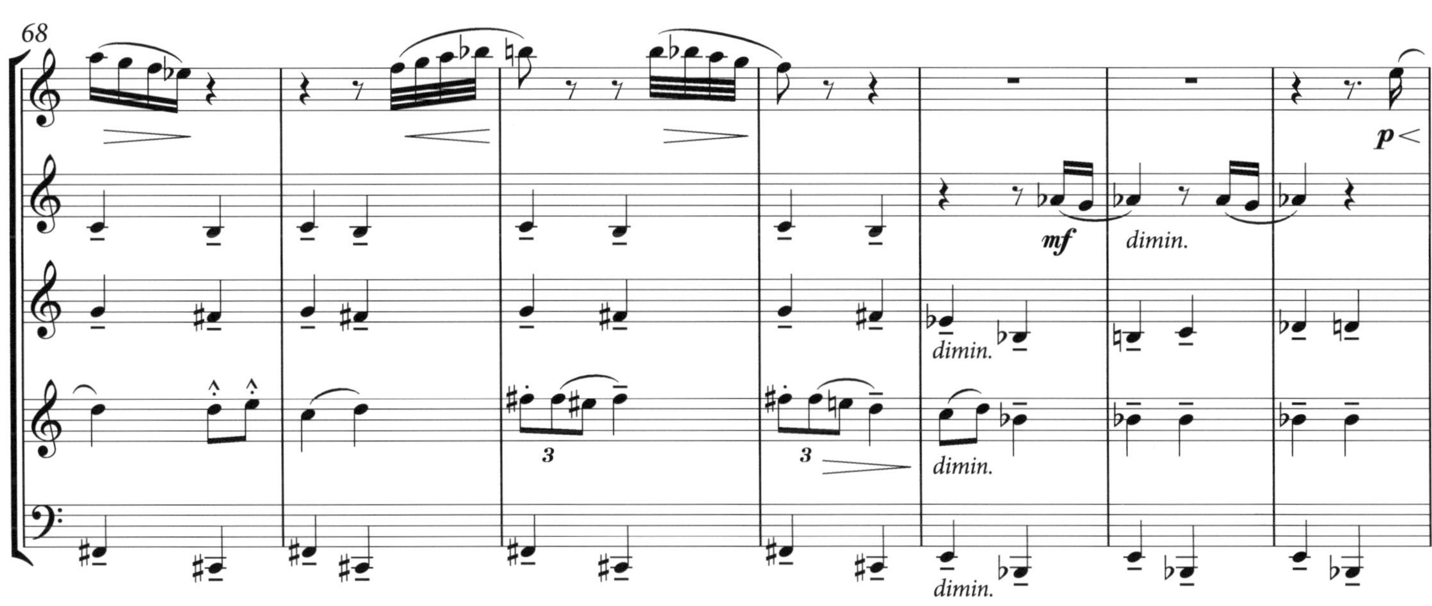

130
breit
poco a poco al tempo primo
138
f
f
f
f
f
mf
mf
mf
147
p
p

155
poco a poco ritardando
164
rit. a tempo gleiche halbe Takte
173
mf
mf
mf
mf
f
f
f
f
f
3
3
3
3
3

*) siehe Editorische Anmerkungen
see Editorial remarks

249

256

gleiche halbe Takte

263

sempre f
sempre f

288
ritard.
294
molto rit.
301
f
f
f
sfz
sfz
sfz
3
3
3
Ende
Riederau, 10. März 1957